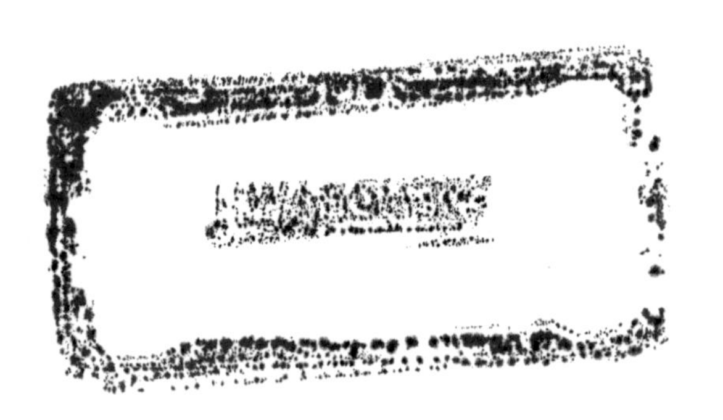

Trenes en acción

por Anne J. Spaight

BUMBA BOOKS™ en español

EDICIONES LERNER ◆ MINNEAPOLIS

Nota para los educadores:

En todo este libro, usted encontrará preguntas de reflexión crítica. Estas pueden usarse para involucrar a los jóvenes lectores a pensar de forma crítica sobre un tema y a usar el texto y las fotos para ello.

La traducción al español fue realizada por Annette Granat.

ediciones Lerner
Una división de Lerner Publishing Group, Inc.
241 First Avenue North
Mineápolis, MN 55401, EE. UU.

Si desea averiguar acerca de niveles de lectura y para obtener más información, favor consultar este título en www.lernerbooks.com

Library of Congress Cataloging-in-Publication Data

The Cataloging-in-Publication Data for *Trenes en acción* is on file at the Library of Congress.
ISBN 978-1-5124-2881-0 (lib. bdg.)
ISBN 978-1-5124-2977-0 (pbk.)
ISBN 978-1-5124-2978-7 (EB pdf)

Fabricado en los Estados Unidos de América
1 – VP – 12/31/16

Tabla de contenido

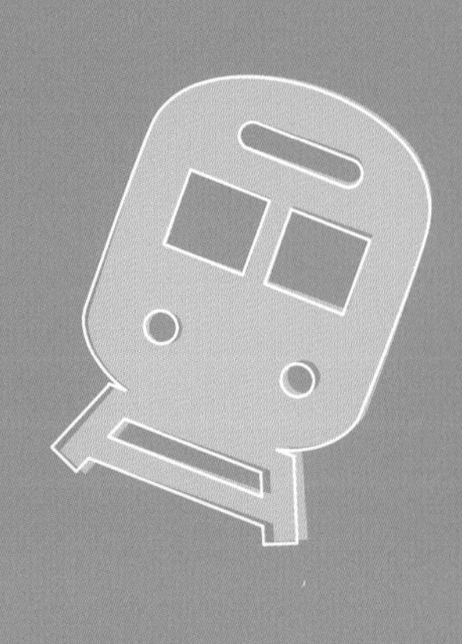

Trenes en movimiento

Los trenes andan en rieles.

Ellos transportan cosas y a gente.

Freightliner
Freightliner
70007
Freightliner
MAERSK
SEALAND

6

Los trenes están hechos de vagones.
Estos vagones están unidos entre sí.
Algunos trenes tienen muchos vagones.
Otros tienen pocos.

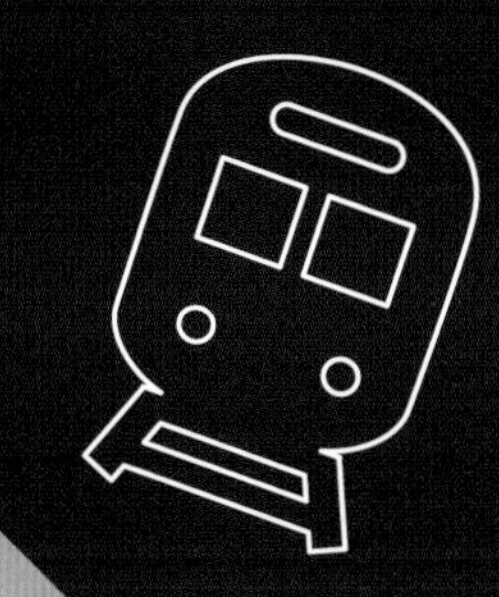

La gente se sube

en algunos vagones.

Estos vagones son cómodos.

Algunos vagones incluyen

pequeñas meriendas y bebidas.

¿Por qué escoge la gente andar en trenes?

Otros vagones

transportan cargamento.

Algunos vagones

contienen líquidos.

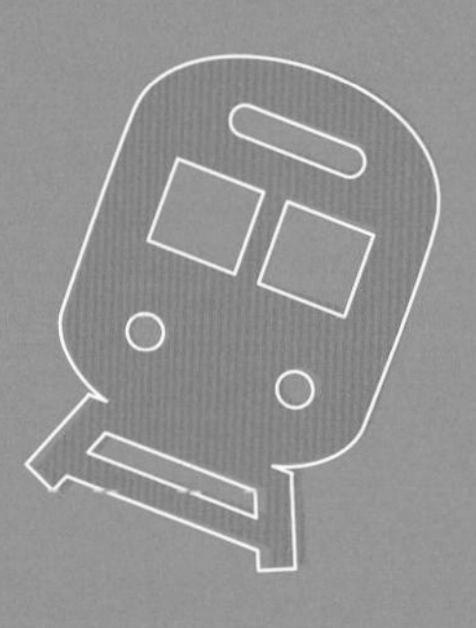

El motor es el primer vagón.

Le da energía al tren.

Los trenes largos tienen

dos o más motores.

¿Por qué necesitan más motores los trenes largos?

El ingeniero trabaja

en el vagón del motor.

Él controla el tren.

Detiene el tren

con el freno.

FOOD SERVICE CAR
Dinette

El cobrador ayuda a que
la tripulación del tren trabaje
en equipo.
Él también ayuda a que la gente
disfrute su viaje.

Hay señales cerca de las rieles.

Ellas le muestran al ingeniero

cuándo disminuir la velocidad.

Otras señales le muestran

a la gente que viene un tren.

¿Por qué piensas que las señales son importantes?

SOUTHWEST
CHIEF

Los trenes son importantes.

Traen provisiones a todo el país.

También llevan a la gente a diferentes sitios.

¡Andar en tren es divertido!

Partes de un tren

Glosario de las fotografías

cargamento

las cosas que un tren transporta

cobrador

la persona que ayuda a la tripulación del tren a trabajar en equipo

ingeniero

la persona que hace que el tren se mueva y se detenga

rieles

un par de barras de metal sobre las que el tren se mueve

Índice

Leer más

Hill, Lee Sullivan. *Trains on the Move.* Minneapolis: Lerner Publications, 2011.

Rogers, Hal. *Trains.* Mankato, MN: The Child's World, 2014.

Silverman, Buffy. *How Do Trains Work?* Minneapolis: Lerner Publications, 2016.

Crédito fotográfico

Las fotografías en este libro se han usado con la autorización de: © i4lcocl2/Shutterstock.com, pp. 5, 23 (esquina inferior derecha); © Jia Li/Shutterstock.com, pp. 6–7; © Pavel L Photo and Video/Shutterstock.com, p. 8; © George Spade/Shutterstock.com, pp. 10–11, 23 (esquina superior izquierda); © Albert Pego/Shutterstock.com, p. 13; © auremar/Shutterstock.com, pp. 14–15, 23 (esquina inferior izquierda); © Joseph Sohm/Shutterstock.com, pp. 16, 23 (esquina superior derecha); © genyuan huang/iStock.com, p. 19; © Supannee Hickman/Shutterstock.com, p. 20; © Kenneth Sponsler/Shutterstock.com, p. 22.

Portada: © Albert Pego/Shutterstock.com.